Bettina Langner

STRESS im griff

Der kleine Mitmachkurs für Erzieherinnen

Cornelsen

Redaktion: Petra Bartoli y Eckert
Umschlaggestaltung: Babylon & Kienecker, Berlin
Illustrationen Innenteil: Dorina Tessmann, Berlin
Umschlagfoto (Stift): © Fotolia/Denys Rudyi
Umschlagillustrationen: © Corinna Babylon
Layout und Technische Umsetzung: krauß-verlagsservice, Ederheim/Hürnheim

www.cornelsen.de

1. Auflage 2017

Druck: AZ Druck und Datentechnik GmbH, Kempten

ISBN 978-3-589-15194-3

PEFC zertifiziert
Dieses Produkt stammt aus nachhaltig
bewirtschafteten Wäldern und kontrollierten
Quellen.

PEFC
PEFC/04-31-2260

www.pefc.de

Inhaltsverzeichnis

STRESS, WAS IST DAS ÜBERHAUPT? 4

WAS TUN GEGEN STRESS? 14

SELBST- UND ZEITMANAGEMENT 38

DER STRESS BEGINNT IM KOPF – UNSERE INNEREN ANTREIBER 50

ZIELE SETZEN UND UMSETZEN 57

SCHLUSSGEDANKEN 64

Stress, was ist das überhaupt?

Stress ist in aller Munde! Jeder ist heutzutage irgendwie gestresst.
Doch was ist Stress eigentlich? Ist er
… eine Modeerscheinung oder ein Trend?
… ein Zeichen von Verantwortung, dass wir wichtig und gefragt sind?
… ein Zeichen dafür, dass wir gebraucht werden und das es ohne uns
   nicht läuft?

Leider sind diese Annahmen in vielerlei Hinsicht ein Irrglaube. Stress ist
kein „Prestigesymptom", nichts was wir unbedingt mitmachen müssen.
Das Grundübel an Stress ist, dass er uns dauerhafter enorm viel Kraft
und Energie kostet und uns letztendlich krank macht. Für Dauerstress
sind wir nicht ausgerichtet.

Dennoch: Stress gab es schon immer. Denn Stress ist ein Urzeit-
mechanismus, eine Überlebensstrategie des Körpers.
Ohne diese Fähigkeit würde es die Menschheit vermutlich heute gar
nicht mehr geben. Wenn wir uns in einer gefährlichen Situation befinden, wird unser Körper in Sekundenbruchteilen in Alarmbereitschaft
versetzt – in den „Flucht- oder Kampfmodus".

In solchen Schreckmomenten passiert Folgendes:

+ Das Gehirn bewerte eine Lage als Bedrohung und gibt dieses Signal an die Nebennieren weiter. Diese schütten Stresshormone aus (z.B. Cortisol und Adrenalin).
+ Es kommt zu einer Steigerung der geistige Fähigkeiten (Tunnelblick – volle Konzentration auf die „Bedrohung").
+ Zuckerreserven und Fettsäuren werden zur Energiesteigerung vermehrt ans Blut abgegeben.
+ Der Puls erhöht sich und der Blutdruck steigt.
+ Die Atmung wird beschleunigt (erhöhte Sauerstoffzufuhr).
+ Die Muskelspannung nimmt zu.
+ Das Immunsystem läuft kurzfristig auf Hochtouren (für ca. 30 bis 60 Minuten).
+ Die Schweißbildung wird erhöht (ansonsten würde unser Körper bei der Flucht überhitzen).
+ Die Blutgerinnung erhöht sich (damit wir nicht verbluten, wenn wir im Kampf verletzt werden).
+ Die Schmerztoleranz erhöht sich kurzfristig.
– Reduziert wird die Energiezufuhr zu den Verdauungsorganen und der Fortpflanzungstrieb und die Energiespeicherung werden gehemmt. (Auch der Urzeitmensch hat in Gefahrensituationen weder ans Essen noch an Sex gedacht).

Wenn also der urzeitliche Mensch bei der Jagd ein Knacken im Unterholz wahrnahm, war er mit Hilfe dieser Stressreaktion blitzschnell in der Lage, sein Leben zu retten. Das große Problem ist, dass sich die Stressauslöser grundlegend geändert haben.

Heute kommt unser persönlicher Säbelzahntiger in Form von lauten Kindern und nörgelnden Eltern daher. Da wir in diesen Situationen weder mit Flucht noch mit Kampf reagieren, wird die aufgebaute Energie nicht verbraucht, der körperliche Anspannungszustand bleibt bestehen. Und daraus ergibt sich noch ein weiteres Problem: Wenn wir einmal gestresst sind, wird dies oftmals über Stunden, Tage, manchmal Wochen und Monate aufrechterhalten. Wir stehen praktisch unter Dauerstrom!

Nur Dauerstress ist schädlich!

Kurzfristiger Stress schadet nicht. Wechseln sich Stress- und Erholungs-phase ab, kommt Körper und Psyche schnell wieder ins Gleichgewicht. Dieser sogenannte positive Stress gibt Motivation, macht kreativ, spornt an, weckt Tatkraft und kann uns zu Höchstleistungen bringen (z.B. im Sport).

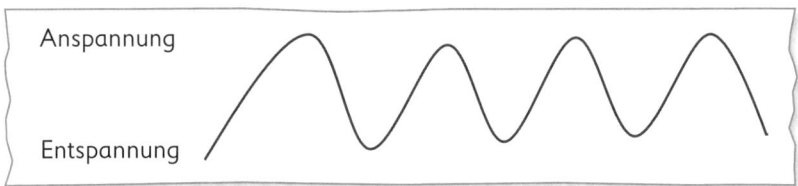

Hält der Stress jedoch an, verliert unser Körper die Fähigkeit, wieder auf das frühere Ruheniveau zurückzufahren. Auf Dauer kann das der Organismus nicht verkraften und es kommt zur seelischen, emotionalen und körperlichen Erschöpfung.

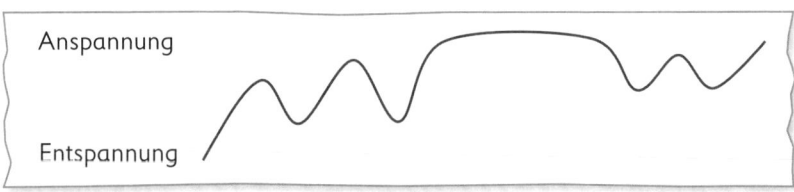

Was Dauerstress mit uns macht

Stress entsteht im Gehirn und ist eine Reaktion auf bestimmt Auslöser (Reize). Diese Auslöser nennt man Stressoren. Jeder Mensch hat seine eigenen auslösenden Momente und das ist das Resultat aus den Erfahrungen und Erlebnissen (guter, wie schlechter), die wir in unserem Leben gemacht haben. Das macht den Stress zu etwas persönlichem und individuellem. Verschiedene Menschen können auf ein und dieselbe Situation unterschiedlich reagieren. Der eine dreht schon bei geringer Arbeitsbelastung „am Rad" und der andere bleibt vollkommen ruhig.

> Ob Stress negative oder positive Auswirkungen hat, hängt von der Intensität, der Häufigkeit und Dauer ab.

Gut zu wissen:
Stressoren im beruflichen Alltag könnten beispielsweise sein:

- Termin- und Leistungsdruck
- Störungen und Unterbrechungen
- Multitasking
- Ärger mit Kollegen, Konflikte
- Lärm
- Misserfolge, ungerechtfertigte Kritik
- Informationsflut

Die Grundlage für eine erfolgreiche Stressbewältigung ist ein genauer Blick auf die eigenen Stressoren/Stressauslöser.

Übung

*Nehmen Sie sich einen Moment Zeit und überlegen Sie:
Was sind Ihre Stressauslöser/Stressoren? Was stresst Sie ein
wenig und was stresst total?*

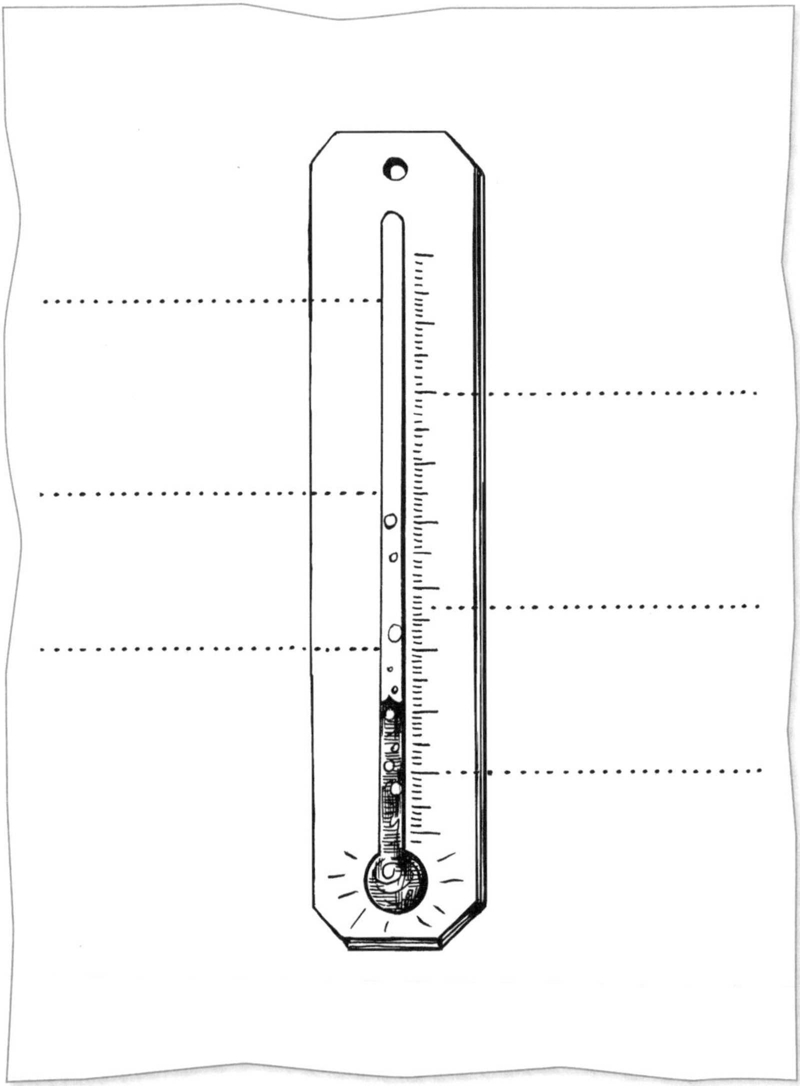

Dauerstress und die Folgen

Wenn sich der Organismus nicht zwischendurch mal erholen kann, bleibt er in ständiger Alarmbereitschaft. Dieser Dauerstress hat massive Auswirkungen auf unseren Körper, unsere mentalen Fähigkeiten und Gefühle. Auch das Verhalten bleibt davon nicht verschont.

Es kommt z.B. zu

... chronischen Verspannungen, Kopfschmerzen, Migräne.

... ständigem Grübeln, Konzentrations- und Aufnahmeschwierigkeiten.

... Herzkreislauf-Erkrankungen.

... Magen-Darm-Problemen.

... Tinitus, Hörsturz.

... Impotenz.

... erhöhter Infektanfälligkeit durch ein geschwächtes Immunsystem.

... Nervosität, Ängsten.

... Schlafstörungen.

... Müdigkeit, Erschöpfung, Depression, Burnout.

 *Symptome und Erkrankungen, die durch Stress verursacht bzw. verstärkt werden, sind vielfältig und können sehr unterschiedlich sein.*

Übung

Woran merken Sie, dass Sie gestresst sind? Kreisen Sie alle Befindlichkeiten, die Sie in stressigen Momenten
- ▶ *besonders stark oder häufig spüren, rot ein.*
- ▶ *weniger bemerken, gelb ein.*

Ergänzen Sie noch ganz individuelle Empfindungen, die Ihnen in Stresssituationen begegnen.

Körperlich:

Müdigkeit   Energiemangel   hoher Blutdruck

Verspannungen   Kopfschmerzen/Migräne

Herzrasen   Ohrgeräusche   nervöse Ticks

Magen-Darm-Probleme

_____

_____

Emotional:

Nervosität   Reizbarkeit   Nörgeleien

Hilflosigkeit   Weinerlichkeit   Besorgtheit

Ängstlichkeit   Verstörtheit

Aggressivität/Ärger   Schwermütigkeit

_____

_____

Geistig/Mental/Kognitiv:

ständiges Grübeln

mangelnde Konzentration

negative Einstellungen/Gedanken

mangelnde Aufnahmefähigkeit

Vergesslichkeit

_____

_____

Verhalten:

sozialer Rückzug

erhöhter Alkoholkonsum

erhöhter Zigarettenkonsum

Versuch, das Arbeitspensum zu erhöhen

Probleme werden ignoriert

eigene Bedürfnisse werden vernachlässigt

Vernachlässigung der Freizeitaktivitäten

_____

_____

Ihr aktueller Stresslevel?

☐ ☐ ☐ ☐ ☐

Stressoren – Test

	Stresst mich nicht	Stresst mich ab und zu	Stresst mich häufig
Termin- und Zeitdruck			
mehrere Sachen gleichzeitig erledigen – Multitasking			
zu viel auf einmal			
schlechte Arbeitsorganisation			
Geräuschpegel in der Gruppe			
Arbeitszeiten / Überstunden			
schlechte Absprachen			
mangelnde Zuständigkeiten			
fehlender Zusammenhalt im Team			
fehlende Erholungszeiten			
Dokumentationspflicht z.B. Entwicklungsbögen			
fordernde Eltern			
Eltern, die meine Arbeit kritisieren			
Unterforderung / Monotonie			
kontrollierende Vorgesetzte			
nicht nachvollziehbare Dienstanweisungen			
Kinder mit hohem Förderbedarf			
ständig auf dem Laufenden sein			
Reizüberflutung			
schlechte Haltung/einseitige Bewegungen			

	Stresst mich nicht	Stresst mich ab und zu	Stresst mich häufig
Schmerzen oder körperliche Beschwerden			
schlechtes Arbeitsklima			
schlechter Personalschlüssel			
Gruppengröße / Anzahl der Kinder			
nicht ausreichende Zeit für die Kinder			
Mehrarbeit wegen erkrankter Kollegen			
keine Wertschätzung			
Ausstattung der Kita			
ständig ansprechbar – hohe Konzentration			
fehlende Vor- und Nachbereitungszeiten			

Addieren Sie nun Ihre Antworten wie folgt:

Stresst mich nicht   ⇨ 0 Punkte

Stress mich ab und zu   ⇨ 1 Punkt

Stresst mich häufig   ⇨ 2 Punkte

Summe: _____

Auswertung: Mit jedem Punkt steigt Ihr Stressfaktor – umso höher die Punktzahl, umso größer der Stress!
Bei mehr als 20 Punkten sollten Sie auf jeden Fall eine Methode zur Stressreduzierung erlernen.

Was tun gegen Stress?

So individuell wie die Stressoren, so individuell und vielfältig sind die Möglichkeiten, etwas gegen den Stress zu tun. Wichtig ist das Gefühl, wieder etwas tun zu können – wieder Handlungsfähig zu sein.

> ## Das Wichtigste ist:
> ## Verabschieden Sie sich von der Opferrolle!

Wenn Sie darauf warten, dass sich Gesetze, Arbeitsbedingungen, Kollegen, Eltern oder Kinder ändern, können Sie lange warten. Sie reiben sich auf und lassen unendlich viel Kraft dabei. Es gibt zahlreiche Möglichkeiten, etwas gegen den Stress und für mehr Gelassenheit zu tun.

Übung

Was tun Sie bereits, um die Stress zu vermindern oder um
Ausgleich zu schaffen? Wie tanken Sie auf? Bitte aufschreiben:

1X
AUF-
TANKEN

Übung

Kurzfristige Stressbewältigungsmöglichkeiten werden in der Stresssituation angewandt und dienen der Linderung. Was möchten Sie darüber hinaus gerne ausprobieren?

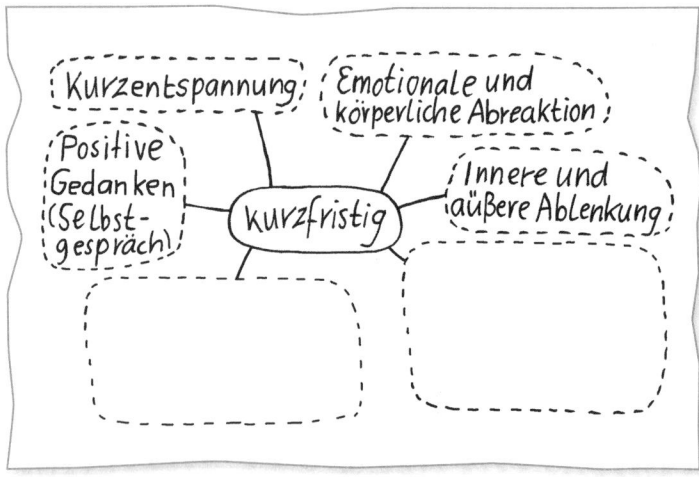

Langfristige Stressbewältigungsmöglichkeiten zielen darauf, die Ursachen von Stress zu verändern. Was möchten Sie darüber hinaus gerne ausprobieren?

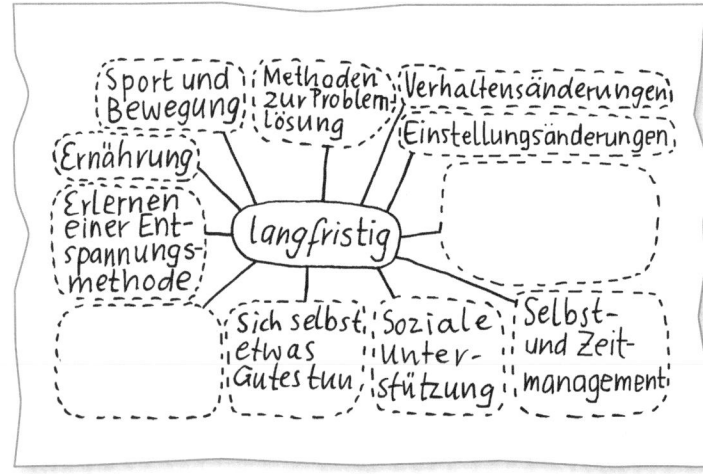

Übung

Stellen Sie mal den direkten Vergleich an:
Was „wiegt" mehr? Ihre Stressfaktoren oder
die Möglichkeiten sich zu erholen und zu entspannen?

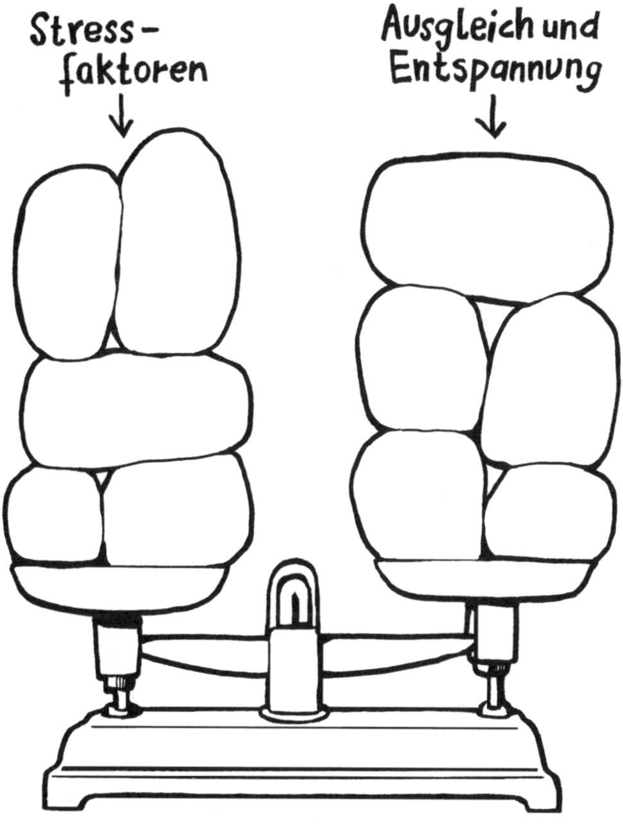

Stress-
faktoren

Ausgleich und
Entspannung

In welche Richtung schlägt die Waage aus?
Sind Stress und Entspannung in Balance?

Stressnotfallmethoden

Wie sieht bei Ihnen ein ganz normaler Morgen aus?

Sie haben sich durch den Verkehrsdschungel bis zur Kita durchgekämpft und zur Begrüßung beschwert sich Paulas Papa, dass die Kinder im Winter zu wenig an die frische Luft gehen. Der kleine Leon weint, weil er seinen Kuschelhasen zuhause vergessen hat und die Kita-Leitung erinnert Sie an die Plakate für den Elternabend und informiert Sie darüber, dass sich Ihre Kollegin Sabine krank gemeldet hat.

Kommt Ihnen das bekannt vor? Es gibt dutzende von akuten Stresssituationen im Laufe eines Tages. Sie regen sich auf – gehen hoch, wie ein HB-Männchen. In solchen Momenten sind Stressnotfallmethoden, die sogenannten kurzfristigen Stressbewältigungsmethoden, gefragt. Bei diesen Übungen geht es nicht um Tiefenentspannung und Problemlösung. Sie sind dafür gedacht, den eintretenden Stress zu kontrollieren und bewusst zu stoppen, die Stressreaktion zu unterbrechen.
Sie können lernen, mit Hilfe von Ablenkung, Abreaktion, positive Selbstinstruktionen und spontane Entspannungsübungen den Stress in den Griff zu bekommen.

Drei Schritte, um akute Stresssituationen zu entschärfen:

1. Möglichkeiten sammeln

2. Aussuchen und zuordnen

3. Umsetzten und üben, üben, üben

Coaching-Tipp:

Diese gesammelten Möglichkeiten sind nicht nur in den Stressmomente effektiv. Sie helfen auch, wenn Sie nach der Arbeit noch so richtig „geladen" sind und nicht abschalten können. Bedenken Sie dies bei Ihrer Sammlung.

Drei Schritte, um Stress zu entschärfen

Los geht's! Lesen Sie sich erst die einzelnen Schritte und Methoden durch und notieren Sie dann jeweils die Möglichkeiten, die für ihre Stresssituationen passen. So kommen Sie Schritt für Schritt zu Ihrem persönlichen Stressnotfallplan.

Schritt 1 Möglichkeiten sammeln

Schreiben Sie alles, was Ihnen zu den einzelnen Punkten einfällt, auf. Das Schwierige ist, dieses ohne Bewertung zu tun. Kein „Das geht nicht" oder „Wie sieht das denn aus?" – erst alles sammeln, dann überlegen, was Sie wann einsetzen könnten. Auch wenn Ihre Liste Punkte enthält, die Sie sich jetzt noch nicht vorstellen können, können diese in sechs Monaten vielleicht die Lösung sein. Nicht jede Methode ist auch in jeder Situation anwendbar, aber dazu kommen wir später.

Abreaktion (körperlich) „Dampf ablassen"

Mit körperlicher Abreaktion ist alles, was nur ansatzweise mit Bewegung zu tun hat, gemeint. Wenn wir gestresst sind, baut sich im Körper durch die Stresshormone viel Energie auf und die muss raus. Die leichteste Art Stresshormone den Gar aus zu machen ist: Bewegung! Sie können, aber Sie müssen jetzt nicht viermal die Woche ins Fitnessstudio oder joggen gehen. Es geht um einfache und alltagstaugliche Möglichkeiten, wie z.B. drücken Sie im Auto das Lenkrad von sich weg bzw. zu sich heran, benutzen Sie die Treppe statt den Aufzug, tanzen Sie durchs Wohnzimmer, gehen Sie spazieren oder backen Sie Brot und kneten den Teig ordentlich durch. Aber auch Gartenarbeit und putzen helfen, den „Überdruck" abzubauen. Manchmal reicht es auch schon aus, Kaugummi zu kauen, auf den Tisch zu hauen, mit dem Fuß aufstampfen oder als „Blitzableiter" auf einem Kugelschreiberkopf herumdrücken. Beziehen Sie die Kinder mit ein und toben Sie gemeinsam durch die Turnhalle oder den Garten!

 **Übung**

Jetzt Sie! Kritzeln Sie drauflos. Hauptsache Dampf ablassen!

 **Abreaktion (emotional)**

Auch Gefühle stauen sich bei Stress auf. Bei der emotionalen Abreaktion geht es darum, diesen wieder Luft zu machen. Sie dürfen mal richtig wütend sein und vor sich hin schimpfen (auch sehr beliebt im Auto). Beziehen Sie hier konkrete Personen ein, die gut zuhören können. Reden Sie mit einer vertrauten Kollegin. Frei nach dem Motto „Geteiltes Leid ist halbes Leid" tut es gut, mal alles loszuwerden und auszusprechen. Was niemand in solchen Momenten gebrauchen kann, sind „Besserwisser" und solche, bei denen alles noch viiiiel schlimmer ist. Übrigens: Auch weinen dient als Ventil.

Extra-Tipp:

Wenn sie Ihren Frust und Ärger mit anderen teilen möchten, begrenzen Sie dieses von vornherein zeitlich. 15 Minuten alles rauslassen und „abschließen". Sonst laufen Sie Gefahr kein Ende zu finden und sich immer mehr hineinzusteigern.

Übung

Jetzt Sie! Wie können Sie ihren Gefühlen am besten Luft machen, was könnte Ihnen dabei helfen?

_____

_____

_____

_____

Wahrnehmungsablenkung (innerlich und äußerlich)

Die Wahrnehmungsablenkung soll uns von dem gerade akuten „Aufreger" ablenken – ihn für einen kurzen Moment vergessen machen. Das heißt, wir lenken unsere Aufmerksamkeit weg von dem Problem und hin zu etwas anderem. Sie denken jetzt bestimmt, dass das nicht funktioniert. Aber bedenken Sie, dass wir uns in unzähligen Situationen im Alltag von dem was wir tun ablenken lassen. Die Fähigkeiten dazu haben wir also durchaus – nur mit dem Unterschied, dass wir es hier ganz bewusst und zielgerichtet (mit Absicht) tun.

Innerliche Wahrnehmungsablenkung

Wenn die Ablenkung innerlich stattfinden soll, spielen Bilder und Gedanken eine entscheidende Rolle. Versuchen Sie Ihre Aufmerksamkeit auf eine angenehme Erinnerung zu lenken. Denken Sie z. B. an den letzten Urlaub oder an das kuschelige Sofa, das zuhause auf Sie wartet. Erinnerungen, die Sie mit positiven Gefühlen verbinden, müssen nicht erst großartig eintrainiert werden. Sie sind leicht abrufbar und haben eine schnelle Wirkung.

Übung

Jetzt Sie! Notieren Sie hier zwei angenehme Erinnerungen, konkrete Orte, Momente, die auf Sie beruhigend wirken.

Extra-Tipp:

Die innere Ablenkung ist besonders gut geeignet, wenn Sie abends nicht abschalten können. Mit den positiven Gedanken kommt der Organismus zur Ruhe, der Körper entspannt und die Grundvoraussetzungen für Schlaf sind gegeben.

Mini Entspannungs-Traumreise für die 5-Minuten-Pause:
Sie können sich auch in einer Minitraumreise vorstellen, wie Sie all die stressigen Gedanken loslassen, davonziehen lassen oder wegsperren. Die Bilder in ihrem Kopf fliegen mit den Wolken davon, fließen mit dem Herbstlaub einen Bach entlang, werden in eine Abstellkammer gesperrt oder in eine Kiste gepackt. Für einem Moment loslassen und genießen.

Äußerliche Wahrnehmungsablenkung

Bei der äußeren Wahrnehmungsablenkung richten Sie Ihre Aufmerksamkeit weg von dem Stressmoment hin zu einem konkreten äußeren Reiz. **Visuelle Reize** funktioniert in der Regel hier am besten.

⇨ Sehen Sie aus dem Fenster (beobachten oder zählen Sie Personen, Autos, Blumen, Wolken, Vögel …).

⇨ Zählen Sie, wie viele der Mädchen heute einen Zopf tragen, die Rippen an der Heizung oder Muster an Fliesen.

⇨ Verfolgen Sie den Sekundenzeger auf der Uhr.

⇨ Zählen Sie alles was rot oder grün, rund oder quadratisch ist.

⇨ Beschreiben Sie gedanklich was Sie tun.

Sie können sich aber auch **akustisch** ablenken:

⇨ Hören Sie ihr aktuelles Lieblingslied oder singen Sie (auch gemeinsam mit den Kindern) Ihr Lieblingslied.

⇨ Verfolgen Sie Gespräche um Sie herum und zählen Sie bestimmte Worte, wie z.B. „und" oder „oder".

Die dritte Möglichkeit sich abzulenken und positiv zu stimmen ist durch Gerüche.

⇨ Legen Sie in einer kleinen Pause Ihr Lieblingsparfum auf.

⇨ Benutzen Sie zum Start in den Tag einen Duschschaum mit einem Duft, den Sie mögen.

Gerüche beeinflussen uns mehr als alle anderen Sinneseindrücke. Unser Geruchsinn ist direkt mit dem Limbischen System im Gehirn verbunden – ein direkter Zugang zu Erinnerungen und den damit verbundenen Gefühlen. Riechen Sie mal an der Kleidung eines Menschen den Sie lieben. Was löst der Duft von Mandarinen oder frischgebackenem Brot in ihnen aus?

Übung

Jetzt Sie! Überlegen Sie, welche äußeren Reize Ihnen (in den unterschiedlichen Stresssituationen und an verschiedenen Orten) als Ablenkung zur Verfügung stehen:

_____

_____

_____

Positive Selbstinstruktion/Selbstgespräche

Jetzt kommt der Punkt, der bei vielen erst einmal Stirnrunzeln hervor-ruft: Um eine stressige Situation zu entschärfen, führen Sie positive Selbstgespräche. Stresssituationen werden häufig von einem negativen Dialog begleitet. Sätze wie, „Wie soll ich das nur schaffen?", „Es wird mir alles zu viel!" oder „Ich muss … Ich muss … Ich muss …" sind negativ. Sie erhöhen den Druck und machen alles nur noch schlimmer. Sammeln Sie im Gegenzug Sätze, die aufmuntern und motivieren, wie z.B. „Ich bin gut in dem was ich tue" oder „Fehler sind erlaubt".

Übung

Jetzt Sie! Überlegen Sie sich mindestens zwei Sätze,
die Sie aufmuntern und motivieren und auf die Sie in Stress-
situationen zurückgreifen können.

Spontane Entspannungsübungen

Und jetzt kommen noch einige Stressnotfall-Entspannungsübungen.
Diese Übungen sind schnell zu erlernen, überall und zu jeder Zeit ein-
setzbar und effektiv.

⇨ **Atemübung gegen inneren Überdruck**
Holen Sie tief Luft und mit atmen Sie mit leicht geöffneten Lippen
drucklos wieder aus. Wiederholen Sie das mehrmals. Diese Übung
lässt sich sehr gut mit dem folgenden Muskelpanzer kombinieren.

⇨ **Muskelpanzer**
Hier werden so viele Muskeln wie möglich gleichzeitig angespannt:
für vier bis sieben Sekunden halten und dann wiederloslassen.
Je nachdem in welcher Situation Sie sich befinden, reicht es auch
schon, den Po anzuspannen, den Bauch einzuziehen und die Zunge
an den Gaumen zu pressen – halten und wieder entspannen.

Diese Übung sollte bewusst durchgeführt werden.
Anspannen – loslassen! Vergessen Sie zu entspannen,
wird es irgendwann wehtun.

⇨ **Atemübung um Anspannung abzubauen: 4-8-7-Übung**
Passen Sie die Geschwindigkeit des Atems dem Zählen an. Atmen
Sie durch die Nase ein und zählen lautlos bis vier. Halten Sie dann
die Luft an und zählen Sie dabei von fünf bis acht – dann wieder

ausatmen und von eins bis sieben zählen. Wichtig: Zählen Sie in einem langsamen und gleichmäßigen Rhythmus. Das wirkt zusätzlich beruhigend und entspannt.

⇨ **Noch ein Paar Mini-Übungen:**

- Atmen Sie einige Male tief ein und aus und zählen bis zehn – simpel, aber effektiv!

- Atmen Sie wie gewohnt ein und aus – jedoch ohne Atempause nach dem Ausatmen.

- Atmen Sie ein und beim Ausatmen denken oder sagen Sie sich z. B. das Wort „Ruhe".

Extra-Tipp:

Wenn Sie diese Übungen noch nie gemacht haben, probieren sie diese unbedingt ein paarmal im ruhigen Zustand aus. So verinnerlichen Sie den Ablauf und erhöhen die Wirksamkeit.

Schritt 2 ▷ Aussuchen und zuordnen

Jetzt überlegen Sie, was Sie in welcher Situation einsetzen könnten.
Achten Sie darauf, dass nicht jede Methode für jede Situation geeignet
ist. Ein innere Ablenkung / Traumreise z.B. beim Autofahren kann so
ablenken, dass die Situation für Sie und andere gefährlich werden kann.

Ihr persönlicher Notfallplan:

Stress-situation:	Notfallmethode:
Beispiel: alle wollen etwas von mir	▶ kurz einen Punkt fixieren ▶ tief durchatmen ▶ Selbstmotivation: „Ich werde es schaffen!", „Eines nach dem anderen."
Stresssituation:	Notfallmethode:
Stresssituation:	Notfallmethode:
Stresssituation:	Notfallmethode:

Coaching-Tipp:

Nehmen Sie sich nicht zu viel vor!
Suchen Sie sich eine Stresssituation und die dazu passende
Methode zum Probieren aus. Wichtig ist auch, dass Sie in
der stressigen Situation so früh wie möglich „eingreifen" und
reagieren. Wenn wir uns erste einmal richtig hochgepuscht /
hochgeschaukelt haben, sind die Erfolgsaussichten eher gering.

Schritt 3 ▶ **Umsetzen und üben, üben, üben**

⇨ Wenn Sie in eine Stresssituation kommen, dann unterbrechen Sie die gewohnten Gedanken und/oder Verhaltensweisen ganz bewusst!

⇨ Vor dem inneren Augen muss ein großes **„STOPP – MOMENT MAL"** auftauchen!

⇨ Kurz durchatmen und dann Ihre Notfallübung durchführen.

Wenn Sie bemerken, dass ihre Aufmerksamkeit wieder zum „Aufreger" zurückwandert, dann steuern Sie bewusst dagegen: „STOPP! Moment mal!" – und wieder zurück zu dem Punkt, auf den Sie sich eigentlich konzentrieren möchten.

Coaching-Tipp:

Gehen Sie mit sich nicht zu hart ins Gericht – haben Sie Geduld! Kurzfristige Entspannungsmethoden sind in der Regel leicht zu erlernen und es zeigen sich schnelle Erfolgserlebnisse. Beachten Sie jedoch, dass es zwei Dinge braucht, um eine Gewohnheit (Verhaltensweise) zu verändern: Zeit und regelmäßige Wiederholungen.

Sie müssen dieses trainieren – wie einen Muskel ... und in dieser Hinsicht bringt einmal Fitnessstudio nichts!

> # Bleiben Sie dran – es lohnt sich!

Still werden, zur Ruhe kommen, entspannen

> *Wenn man die Ruhe nicht in sich selbst findet,*
> *ist es umsonst, sie anderswo zu suchen.*
>
> Francois del la Rochefoucauld

Eine kurze Entspannungspause an sich beseitigt zwar nicht die Ursache von Stress und Termindruck, aber sie hilft Abstand zu bekommen. Körperliche und geistige Entspannung sind wichtig für unsere Wohlbefinden und unsere Gesundheit – eine Grundvoraussetzungen, um sich zu erholen und die Kraftreserven wieder aufzufüllen. Also machen Sie bitte ohne Stress weiter und entspannen Sie sich.

Probieren Sie es doch gleich mal aus!

Legen Sie das Heft zur Seite, schließen Sie die Augen und atmen Sie zweimal tief ein und aus. Lassen Sie den Atem dann einfach fließen und atmen Sie ruhig und gleichmäßig ein und aus. Folgen Sie für einige Momente Ihrem Atem – folgenden Sie diesem gleichmäßigen Rhythmus. Nach einer Minute atmen Sie tief ein und aus und öffnen schließlich wieder die Augen.

Wie geht es Ihnen? War es angenehm, mal für einen Moment abzuschalten oder ist es Ihnen schwer gefallen zur Ruhe zu kommen?

Setzen Sie sich nicht unter Druck. Vielleicht haben Sie es einfach verlernt, solche Momente für sich zu genießen. Das Gute daran ist, Sie können es auch wieder erlernen. Wie jedes Verhalten ist auch die Fähigkeit zu entspannen trainierbar – wie ein Muskel.

Übung

Überlegen Sie mal: Wobei können Sie am besten Entspannen?
Was tut Ihnen gut? Was können Sie genießen? (Natur, lesen,
Sport, eine Tasse Tee ...

_____

_____

_____

Wenn wir entspannt sind, dann fühlen wir uns ausgeglichener, innerlich
ruhiger und gelassener. Wir sind kreativer, konzentrierter und belast-
barer. Es gibt viele Entspannungsübungen – welche am besten zu Ihnen
passt, das müssen Sie selbst herausfinden. Hier einige Vorschläge:

Traumreise an einen schönen Ort

Gehen Sie auf eine „innere Reise". Stellen Sie sich diese Situation vor:
Sie befinden sich an einem Ort, an dem es Ihnen rundherum gut geht.
Das kann ein Urlaubsort, ein Traumreiseziel, ein Ort in der Natur oder
Ihr eigenes Zuhause sein. Erleben Sie diesen Ort mit allen Sinnen:
Was können Sie sehen? Fühlen Sie etwas auf der Haut?

Hören Sie bestimmte Geräusche oder nehmen Sie einen Geruch wahr,
der Ihren schönen Ort kennzeichnet? Stellen Sie sich diesen Ort ganz
genau vor und genießen Sie es dort zu sein. Nach ein paar Minuten
öffnen Sie langsam die Augen und kehren wieder in die vertraute Wirk-
lichkeit zurück.

Anmerkung: Diese Traumreise funktioniert besonders gut, weil dieser
Ort für Sie schon mit einem positiven Gefühl verknüpft ist. Sie können
leicht auf diese Erinnerung zurückgreifen und die Entspannung stellt sich
sehr schnell ein.

In Traumreisen sollten Sie sich nur Bilder vorstellen, die Ihnen gut tut. Unterschätzen Sie die Macht der Gedanken nicht. Wenn Sie z.B. in einer Traumreise eine Fahrt im Fesselballon machen und Sie leiden unter Höhenangst, kann das ein sehr ungutes Gefühl oder gar Angst auslösen.

Konzentration und Achtsamkeit

Achtsamkeit ist ein Zustand, in dem man jeden einzelnen Augenblick bewusst wahrnimmt. Die Konzentration richtet sich auf eine Sache (Atem, Gegenstand, Ort), ohne diese zu bewerten. So können Sie Konzentration und Achtsamkeit üben:

Gegenstände betrachten
Nehmen Sie sich einen Moment Zeit und richten Sie Ihre Aufmerksamkeit z.B. auf eine Postkarte oder einen Gegenstand in Ihrer Umgebung. Sehen Sie sich den Gegenstand genau an: Was können Sie sehen? Woher stammt dieser Gegenstand? Was verbindet Sie mit ihm?

Musik hören
Nehmen Sie sich einen Moment Zeit, und richten Sie Ihre Aufmerksamkeit auf ein bestimmtes Lied oder Musikstück. Was können Sie hören? Achten Sie mal auf den Text? Was löst die Musik in Ihnen aus?

Achtsam essen und trinken
Nehmen Sie sich einen Moment Zeit und richten Sie Ihre Aufmerksamkeit z.B. auf eine Tasse Tee oder ein Stück Schokolade. Sehen, riechen und schmecken Sie mal ganz bewusst und spüren Sie, was der Duft oder der Geschmack in Ihnen auslöst. Nehmen Sie sich erst einmal ein bis zwei Minuten dafür vor. Sie werden feststellen, dass das schwerer ist als gedacht!

Extra-Tipp:

Achtsamkeit können Sie in jedem Augenblick des Tages trainieren. Beim Kochen, indem Sie mal ganz bewusst die Gewürze riechen oder im Gespräch, wenn Sie wirklich wahrnehmen, was Ihr Gegenüber sagt, wie er sich verhält.

Übung

Hier noch eine weitere Variante zum Ausprobieren, wie Sie Konzentration und Achtsamkeit üben können:
Kritzeln Sie Muster fertig.

Übung

Bei der folgenden Übung wandern Sie gedanklich durch Ihren Körper und lernen diesen achtsam wahrzunehmen. Diese Übung kann im Sitzen und im Liegen (Rückenlage) durchgeführt werden.

Gedankenreise durch den Körper

Lehnen Sie sich zurück, schließen Sie die Augen und kommen Sie einen Moment zur Ruhe. Dann richten Sie Ihre Aufmerksamkeit auf Ihre Hände. Spüren Sie, wie sie sich anfühlen. Wo haben Sie Kontakt mit einer Unterlage? Dann wandern Sie weiter über die Unterarme zu den Ellenbogen bis hin zu den Schultern. Spüren Sie, wie die Schultern sich anfühlen und versuchen Sie, immer weiter los zu lassen, wenn Sie etwas Verspanntes spüren. Dann gehen Sie mit Ihrer Aufmerksamkeit über den Nacken zum Hinterkopf bis zur Stirn. Spüren Sie, wie die Stirn sich anfühlt. Versuchen Sie, die Stirn immer mehr zu entspannen. Dann gehen Sie weiter zu den Augen, den Wangen, den Mund. Achten Sie auf die Lage der Zunge im Mund und die Stellung der Lippen. Wenn der Unterkiefer entspannt ist, hängt er ganz locker herab. Spüren Sie, wie sich das Gesicht entspannt. Wandern Sie mit Ihrer Aufmerksamkeit über die Schultern langsam den Rücken hinunter: über die Schulterblätter, die Brustwirbel, die Lendenwirbel bis zum Steißbein. Versuchen Sie die Muskeln im Rücken immer mehr locker zu lassen. Wandern Sie weiter über das Gesäß zu den Überschenkeln, Knien und Kniekehlen bis hin zu den Waden und Schienbeinen. Spüren Sie, wie auch Ihre Beine immer mehr entspannen, sie immer schwerer und schwerer werden. Wie sich die Entspannung nun auch bis in die Füße, die Fußrücken, die Fußsohlen und die Zehen ausbreitet. Genießen Sie die Entspannung nun mindestens zwei Minuten und spüren Sie nach. Beenden Sie die Übung, indem Sie tief ein und ausatmen, sich recken und strecken und die Augen öffnen.

Extra-Tipp:

Was tun, wenn Gedanken oder Geräusche stören? Bemerken Sie, wenn Sie gedanklich abschweifen oder wenn Ihre Aufmerksamkeit durch ein Geräusch abgelenkt wird, dann können Sie damit folgendermaßen umgehen: Lassen Sie die Augen geschlossen und hören oder „sehen" Sie ganz bewusst für einige Sekunden hin, was Sie abgelenkt hat. Dann lenken Sie Ihre Aufmerksamkeit wieder auf die Entspannungsübung (z. B. den Atem).

Grundsätzlich gilt:

⇨ Wenn Sie nach dem ersten Ausprobieren nicht die erhoffte Wirkung spüren, geben Sie nicht auf. Die meisten Techniken bedürfen etwas Übung.

⇨ Setzen Sie sich nicht unter Druck und erzwingen Sie nichts.

⇨ Üben Sie regelmäßig – auch (oder gerade) wenn Sie nur wenig angespannt sind.

⇨ Benutzen Sie so wenig Materialien und Hilfsmittel wie möglich. Wird es zu kompliziert, mault der innere Schweinehund noch lauter als sonst!

⇨ Am besten ist, wenn Sie mehrere Entspannungstechniken parat haben. Dann können Sie je nach Ort und Situation entscheiden, welche Übung Sie anwenden.

⇨ Sein Sie offen, probieren Sie eines nach dem anderen aus und finden Sie Ihre Übungen.

Ruhemomente mit Kindern

Lassen Sie sich niemals einen Moment der Ruhe oder eine Möglichkeit zum Entspannen entgehen. Entspannen Sie doch mal gemeinsam mit den Kindern! Hier ein paar Ideen dazu:

▶ **Geräusche wahrnehmen:** Eine Minuten auf die Umgebungsgeräusche hören, dann ein Bild über das Gehörte malen lassen und die Bilder anschließend vergleichen.

▶ **Fehler finden:** Text/Geschichte mit kleinen Fehlern erzählen und die Kinder melden sich, wenn sie einen Fehler entdecken.

▶ **Klang der Zimbel oder einer Klangschale hören:** Genau hinhören und sich melden, wenn das Geräusch nicht mehr zu hören ist. Jedes Kind darf auch mal die Klangschale anschlagen.

▶ **Glöckchen weiter reichen:** Kleine Bastelglöckchen von einem Kind zum anderen ganz vorsichtig weitergeben, sodass kein Geräusch dabei entsteht. Die anderen müssen genau hinhören.

▶ **Kerzenlicht betrachten:** Den Raum verdunkeln und vor jedes Kind hat ein Teelicht stellen (Verhaltensregeln mit Kerzen und Feuer sollten den Kindern bekannt sein). Nun können die Kinder die Flamme ganz genau beobachten.

▶ **Anspannung ausklopfen und ausschütteln:** Den eigenen Körper mit der flachen Hand abklopfen – Arme, Schultern, Brust, Bauch, Po, Beine – dann kräftig mit den Beinen aufstampfen oder alles ausschütteln. Einen Moment nachspüren, wie alles kribbelt.

▶ **Malen nach Musik:** Die Kinder bitten, zu unterschiedlichen Musikstücken – mal etwas Ruhiges, mal etwas Lebendiges – jeweils ein Bild zu malen.

▶ **Sich spüren:** Kinder teilen sich in 4er-Gruppen auf. Ein Kind legt sich auf eine Matte (Bauch- oder Rückenlage). Jede Kindergruppe ist mit ausreichend Spülschwämmen versorgt. Das liegende Kind wird von den anderen nach und nach mit Spülschwämmen „zugedeckt". Dabei bleibt das Kind still liegen. Das „Abdecken" kann schnell oder auch langsam – ein Spülschwamm nach dem andren – geschehen.

▶ **Massagen:** Kinder können sich gegenseitig mit Igelbällen massieren oder Sie erzählen eine Geschichte, die in Berührungen (Massagebewegungen) auf dem Rücken in die Tat umgesetzt wird (Tiere über den Rücken wandern lassen, Pizza backen, Wetter auf den Rücken malen, Autowaschanlage simulieren).

▶ **Kuscheltier schaukeln:** Kuscheltier auf den Bauch setzen und den Atem spüren und „sehen".

Übung

Hier können Sie Ihre Ideen für Entspannung mit den Kindern festhalten:

Folgendes sollten Sie beachten:

▶ Überfordern Sie die Kinder nicht. Fangen Sie mit kleinen Stilleübungen – nicht länger als ein bis drei Minuten – an.

▶ Die Kinder brauchen eine „Aufgabe", einen Anreiz, worauf sie die Aufmerksamkeit lenken können.

▶ Wie wir Erwachsenen, so haben auch Kinder verschiedene Interessen und Übungen, die sie mögen (oder auch nicht mögen).

▶ Wenn Sie eine Traumreise anbieten möchten, beachten Sie, dass die Kinder die „Bilder" kennen sollten (z.B. war nicht jedes Kind schon einmal am Meer).

▶ Berücksichtigen Sie mögliche Erkrankungen, Allergien und Ängste. Ein Allergiker sollte auch in einer Traumreise niemals einen Spaziergang über eine Frühlingswiese machen.

▶ Lernen am Modell: Ruhiges Verhalten überträgt sich genauso auf die Gruppe, wie wenn Sie nervös und aufgekratzt sind. Also achten Sie auch darauf, wie es Ihnen geht, wenn Sie eine solche Aktivität anbieten.

 *Auch im Sinne der Kinder sollte Ruhe und Entspannung ein fester Bestandteil des pädagogischen Alltages werden.*

Selbst- und Zeitmanagement

Wie viel steht heute für die Kita und zuhause auf Ihrer To-Do-Liste? Drei Dinge? Fünf? Zehn? Mehr? Die Erwartungshaltung ist mindestens so groß wie der Glaube daran, das alles schaffen zu können. Ist der Zeitaufwand realistisch eingeschätzt? Sind Zeit-Puffer für Unterbrechungen und Unerwartetes (Irgendwas kommt doch immer – oder?) mit eingeplant? Nein, natürlich nicht! Und alles was heute nicht klappt, wird auf morgen verschoben – wo aber auch schon ein dutzend andere Dinge stehen. Sie sabotieren sich praktisch selbst.

Es ist von vorherein vollkommen klar, dass es eigentlich gar nicht zu schaffen ist, aber Sie versuchen es trotzdem – immer und immer wieder!

Um dahinter zu kommen, wo genau der Schuh bei Ihnen drückt, sehen Sie sich die folgenden Fragen an und lesen Sie danach die entsprechenden Tipps:

⇨ **Kann ich mich auf eine Sache konzentrieren und diese vor der nächsten Aufgabe zu Ende bringen?**

trifft voll zu   trifft gar nicht zu

1	2	3	4	5	6

(1 bis 2: dann weiter zur nächsten Frage/3 bis 6: dann sind die Tipps 3 und 6 für Sie hilfreich)

⇨ **Kann ich auch mal „Nein" sagen?**

trifft voll zu   trifft gar nicht zu

1	2	3	4	5	6

(1 bis 2: dann weiter zur nächsten Frage/3 bis 6: dann ist Tipp 4 für Sie hilfreich)

⇨ **Erledige ich die ungeliebten Aufgaben sofort und schiebe sie nicht vor mir her?**

trifft voll zu   trifft gar nicht zu

1	2	3	4	5	6

(1 bis 2: dann weiter zur nächsten Frage/3 bis 6: dann ist Tipp 5 für Sie hilfreich)

⇨ **Plane ich meinen Alltag und deren Aufgaben realistisch?**

trifft voll zu   trifft gar nicht zu

1	2	3	4	5	6

(1 bis 2: dann weiter zur nächsten Frage/3 bis 6: dann sind die Tipps 1 und 2 für Sie hilfreich)

⇨ **Kann ich akzeptieren, dass das Ergebnis meiner Arbeit auch mal von meiner Vorstellung abweicht? Kann ich Aufgaben abgeben?**

trifft voll zu   trifft gar nicht zu

1	2	3	4	5	6

(1 bis 2: dann weiter zur nächsten Frage / 3 bis 6: dann sind die Tipps 1 und 2 für Sie hilfreich)

⇨ **Bleibe ich bei einer Sache bzw. lasse ich mich nicht leicht ablenken?**

trifft voll zu   trifft gar nicht zu

1	2	3	4	5	6

(1 bis 2: dann weiter zur nächsten Frage/3 bis 6: dann sind die Tipps 3, 4 und 6 für Sie hilfreich)

⇨ **Nehme ich mir kleine Auszeiten, um die Akkus wieder aufzuladen?**

trifft voll zu   trifft gar nicht zu

1	2	3	4	5	6

(1 bis 2: dann weiter zur nächsten Frage/3 bis 6: dann ist Tipp 7 für Sie hilfreich)

Sieben Tipps für mehr Zeit

Es wäre der falsche Weg, Ihren Alltag noch mehr durchzuplanen, um noch mehr Aufgaben in noch kürzerer Zeit zu erledigen. Wertvoller und letztlich effektiver ist es, den Umgang mit sich selbst und den alltäglichen Aufgaben zu überdenken. Effizienz heißt, zu wissen was ansteht, zu unterscheiden, was wichtig ist und was nicht, sich zu konzentrieren und auch Grenzen zu (er)kennen. Das bringt Zufriedenheit und die gewünschten Freiräume zum Auftanken. Wie das gehen kann? Hier fünf Tipps dazu:

> *Der eine wartet, dass die Zeit sich wandelt,*
> *der andere packt sie an und handelt.*
>
> *Dante Alighieri*

TIPP 1 > Erwartungshaltung herunterschrauben

Die meisten Erwartungen an die Arbeit, an die Menschen um uns herum oder auch an uns selbst, sind völlig überzogen und unmöglich zu erreichen. Stellen Sie sich mal einen Arbeitstag ohne diesen Anspruch vor. Wie großartig wäre das! Achten Sie ganz bewusst darauf, was Sie schon haben und was Sie alles zu standen bringen. Vielleicht überrascht es Sie, was Sie sehen.

TIPP 2 > Planungsfehler vermeiden

Alle Aufgaben auf einer Liste sammeln und Schritt für Schritt abarbeiten und erledigen? Ja, schön wär's! Gehen Sie mal mindestens einen Schritt zurück und überprüfen Sie erst, ob sich grundlegende Planungsfehler eingeschlichen haben. Hier sind ein paar Gedanken dazu:

⇨ Verplanen Sie nie mehr als 60 % des Tages oder der Woche. Nur so können Sie mit Unvorhergesehenem und „Ablenkungen", wie z. B. Talk mit Kolleginnen oder Zusatzaufgaben, gelassen umgehen.

▭⇨ Planen Sie Zeitpuffer mit ein. Viele Aufgaben dauern länger als gedacht.

▭⇨ Entlastungfragen können dabei helfen, aus der Routine auszusteigen. Stellen Sie sich vier Fragen: Warum gerade ich? Warum gerade jetzt? Warum so? Warum überhaupt?

▭⇨ Vermeiden Sie Unklarheiten im Team: Besprechen Sie im Team klar und deutlich, wer welche Aufgaben bis wann übernimmt. Diskussionen über Zuständigkeiten oder Unklarheiten rauben einem den letzten Nerv – oder?

▭⇨ Geben Sie auch mal etwas ab oder tauschen Sie Aufgaben. Wer könnte z.B. die Einladung für den Elternabend schneller schreiben oder hat mehr Spaß daran? (Interesse, Fähigkeiten, Talente beachten)

▭⇨ Wenn Sie mit einer Aufgabe, z.B. der Vorbereitung für ein Elterngespräch, nicht weiterkommen, legen Sie es erst einmal zur Seite. Es bringt nichts, grübelnd weiter davor sitzen zu bleiben. Machen Sie etwas ganz anders oder sprechen Sie eine Kollegin an. Oft sprudeln die Ideen schon, wenn Sie es laut aussprechen.

▭⇨ Verabschieden Sie sich von Aufgaben, die ausschließlich Ihrem Ideal entsprechen, aber im Grunde genommen nur Zeit rauben. Sie müssen nicht zum x-ten Mal den Bastelschrank aufräumen, weil dieses Durcheinander nicht schön aussieht.

Erst einmal eine kleine Pause und dann ...

1. _____

     wichtig ☐   *dringend* ☐

     erledigen bis _____

2. _____

     wichtig ☐   *dringend* ☐

     erledigen bis _____

3. _____

     wichtig ☐   *dringend* ☐

     erledigen bis _____

4. _____

     wichtig ☐   *dringend* ☐

     erledigen bis _____

TIPP 3 ⟩ Verbessern Sie Ihre Konzentration

Konzentrationsfähigkeit können Sie bei allem was sie tun fördern.
Versuchen Sie sich mal für 30 Sekunden (klingt kurz, ist aber sehr lange,
wie Sie feststellen werden) voll und ganz auf das zu konzentrieren, was
Sie gerade tun – egal was. Ob Sie einem Kind die Schuhe anziehen, das
Frühstücksgeschirr aufräumen oder Memory spielen (dann gewinnen
Sie vielleicht auch mal 😊).

Übung

Eine kleine „Knobelei" – gut für die Konzentration
Bringen Sie die Buchstaben der folgenden „Buchstaben-
Salate" in die richtige Reihenfolge und bilden Sie so sinnvolle
Worte. Wie viel Zeit brauchen Sie?

LUBEE: _____

RSAUNODIERI: _____

FIRHOGLUZ: _____

GUIPINN: _____

PENECKPUEP: _____

Lösung: BEULE, DINOSAURIER, HOLZFIGUR, PINGUIN, PUPPENECKE

Extra-Tipps gegen Vergesslichkeit

Beschreiben Sie gedanklich was Sie gerade tun, und machen
Sie sich dieses so bewusst. Beispiel: Zum Feierabend hin gehen
Sie nochmal durch die Kita: „Die Fenster im Gruppenraum sind
zu. Die Spülmaschine ist aus usw." Sie können diese Schritte
denken oder leise vor sich hin murmeln. So vermeiden Sie,
dass Sie später darüber nachgrübeln, ob Sie dieses oder jenes
gemacht haben oder nicht.

TIPP 4 ▷ Auch mal „Nein" sagen

Warum ist Nein-Sagen so schwer? Haben Sie ein schlechtes Gewissen?
Schuldgefühle? Oder möchten Sie einfach nicht als Egoistin dastehen?
Lesen Sie hier, auf wie viele verschieden Arten (behutsam oder direkt)
Sie „Nein" sagen können:

⇨ **Verständnis zeigen**

„Ich verstehe, dass Du das jetzt gerne erledigt haben möchtest, aber ich muss noch den Ausflug für morgen vorbereiten."

⇨ **Gegenvorschlag unterbreiten**

„Wenn ich meine Aufgabe erledigt (oder meine Pause beendet) habe, kann ich dir gerne helfen."

⇨ **Sich bedanken**

„Ich weiß das zu schätzen, dass du mich gefragt hast, aber diese Woche klappt es nicht."

⇨ **„Nein" mit Erklärung**

„Ich kann jetzt nicht, weil ich vor dem Elterngespräch gleich fünf Minuten Zeit für mich brauche."

⇨ **„Nein" mit Humor und Ironie** (aber Vorsicht, das versteht nicht jeder)

„Stell dich mal hier hin. Ich habe verstanden, dass ich neben dem ganzen anderen auch noch Deine Aufgabe übernehmen soll ... guter Witz!"

⇨ **„Nein" mit Kompliment**

„Du bist viel kreativer als ich. Dir gehen die Plakate fürs Sommerfest viel leichter von der Hand und sie sehen bestimmt besser aus."

⇨ **Oder manchmal vielleicht doch direkt!?**

„Nein, ich kann nicht!", „Nein, ich habe keine Zeit."

Wenn Sie anfangen „Nein" zu sagen, rechnen Sie mit „Gegenwind". Die Kolleginnen, die Familie und Freunde sind es nicht gewohnt, dass Sie einer Bitte (oder Aufforderung 😊) nicht nachkommen. Behalten Sie Ihr Ziel im Auge, Sie ärgern sich hinterher mit Sicherheit wieder – dann aber hauptsächlich über sich selbst.

Nach wie vor sollen Sie für andere Menschen da sein und ihnen helfen, aber nicht mehr um jeden Preis und bis zur völligen Selbstaufgabe. Bedenken Sie: Wenn es Ihnen nicht gut geht, können Sie auch nicht mehr für Ihre Lieben und Anvertrauten da sein.

Extra-Tipp 1

Vermeiden Sie das Wort „eigentlich" in Ihren Begründungen, z.B. „Eigentlich müsste ich ja erst noch etwas anderes erledigen." In diesem Moment haben Sie schon verloren!

Extra-Tipp 2

Beachten Sie auch den pädagogischen Aspekt: Ein Kind, muss ohne Liebesentzug und Zurückweisung „Nein" sagen dürfen. Ansonsten wird es später die Bedürfnisse und Wünsche der Anderen immer über die eigenen stellen! Woher glauben Sie kommt es, dass es Ihnen so schwer fällt Nein zu sagen?

Übung

Ein „Nein"-Schild für Sie: Ausschneiden, gestalten und dort aufhängen, wo Sie es mehrmals am Tag sehen können!

TIPP 5 > Etwas gegen „Aufschieberitis" unternehmen

Aufschieben von ungeliebte Aufgaben – wer kennt das nicht? Sie
schieben Dinge vor sich her, bekommen sie jedoch nicht aus dem Kopf.
Letztendlich haben Sie fünfmal so lange über die Aufgabe nachgedacht,
wie die Erledigung gedauert hätte. Also: nicht nachdenken, tun! Jetzt!
Vergessen Sie aber hinterher nicht, das Gefühl auszukosten, die Aufgabe
erledigt zu haben.

Coaching-Tipp:

Legen Sie die zu erledigende Arbeit, z.B. einen Dokumentati-
onsbogen, vor sich auf den Tisch. Jetzt dürfen Sie zehn Minuten
nicht anfangen, aber auch nichts anderes tun – zehn Minuten
nichts tun und warten, dass Sie anfangen können. Sie werden
danach so erleichtert sein, endlich anfangen zu dürfen, dass
Sie gar nicht auf den Gedanken kommen, es wieder zu ver-
schieben. Probieren Sie es mal aus!

TIPP 6 > Multitasking oder Monotasking?

Multitasking ab und zu ist kein Problem. Wenn unser Gehirn sich stän-
dig mit mehreren Aufgaben gleichzeitig befassen muss, ist es überfor-
dert. Die Informationen werden automatisch auf die wahrnehmbare
Menge gefiltert und es entsteht der Tunnelblick. Multitasking treibt den
Stresspegel in die Höhe, es kommt zu Fehlern und die Leistungsfähigkeit
sinkt. Der Eindruck, wir würden mehr schaffen, ist nur eine Moment-
aufnahme. Auf lange Sicht verlieren wir viel Zeit. Konzentrieren Sie sich
also immer nur auf eine Sache.

Multitasking oder Monotasking?

SO?

ODER SO?

TIPP 7 ▷ **Regelmäßige Pausen einplanen – nicht nur in der Kita!**

„Ich habe keine Zeit für eine Pause!" Mit diesem Gedanken tun Sie sich selbst und den Menschen in Ihrem Umfeld keinen Gefallen. Es ist besser, Folgendes zu beachten:

➪ Eine Pause lohnt sich immer – und sei sie noch so kurz! Es kommt bei Pausen auf Qualität und nicht auf Quantität an.

▷ Es ist immer gut, die Kita in der Pause zu verlassen. Also raus an die frische Luft, das hilft auf andere Gedanken zu kommen.

▷ Füllen Sie die Pause nicht mit weiterer Arbeit (z.B. schnell Einkaufen gehen) – und nehmen Sie Pausen mit auf Ihrer To-do-Liste auf.

▷ Kommunizieren Sie, wenn Sie mal eine Pause in Ruhe verbringen möchten – dann ist niemand beleidigt und Sie müssen sich keine Gedanken darüber machen, was die anderen jetzt denken.

▷ Auch nach der Arbeit sollten Sie einen Moment zum Durchschnaufen einplanen. Also: ins Auto setzen, zwei bis drei Minuten die Augen schließen und abschalten (natürlich auf dem Parkplatz!).

Übung

Womit könnten Sie sich in Ihrer Pause etwas Gutes tun?

Der Stress beginnt im Kopf – unsere inneren Antreiber

> Es sind nicht die Dinge oder Ereignisse,
> die uns beunruhigen, sondern die Einstellung und Meinung,
> die wir zu den Dingen haben.
>
> Epiktet

Dieses Zitat des Philosophen aus der Antike trifft den Nagel auf den Kopf!

Die Gedanken – die inneren Antreiber – sind entscheidend dafür, ob Sie in Stress geraten oder ruhig und gelassen bleiben. Die Gedanken beeinflussen unseren Körper ganz direkt – probieren Sie es mal aus!

Experiment Nr. 1:
Heben Sie den rechten Fuß leicht an und drehen Sie das gestreckte Bein im Uhrzeigersinn. Nach ein paar Sekunden strecken Sie den rechten Arm aus und „schreiben" mit dem Zeigefinger eine große 6 in die Luft. In welche Richtung dreht sich der Fuß jetzt?

Experiment Nr. 2:
Nehmen Sie einen kleinen Gegenstand (Radiergummi, Dekostein o.ä.) in die rechte Hand und stellen Sie sich vor, dass dieser ganz schwer ist. Konzentrieren Sie sich auf den Gegenstand in Ihrer Hand und spüren Sie, wie er immer schwerer und schwere wird. Je nach Konzentration und Vorstellungskraft dürften ein paar Sekunden ausreichen, um ein deutliches Schweregefühl zu erzeugen – natürlich nur in Ihrem Kopf!

Der Körper reagiert auf unsere Gedanken – negativ, aber auch positiv. Hier sind die Top 5 der inneren Antreiber von Erzieherinnen:

⭐ Platz 5 ⭐

„Ich bin unentbehrlich – ohne mich geht es gar nicht!"

⭐ Platz 4 ⭐

„Es ist mir wichtig, dass alle mich mögen und akzeptieren."

⭐ Platz 3 ⭐

„Es muss immer alles perfekt sein – oder besser gesagt genauso wie ich es mir vorstelle."

⭐ Platz 2 ⭐

„Ich muss es allen recht machen – bloß nicht „Nein" sagen."

⭐ Platz 1 ⭐

„Ich muss für alle da sein – allen helfen!"

Erkennen Sie sich in dem einen oder andern wieder? Diese Werte und Vorstellungen sind erlernt (antrainiert). Da wir bis ins hohe Alter lernen, können wir dieses auch verändern. Es geht nicht darum, zu totalen Egomanen zu werden, sondern unsere inneren Antreiber etwas abzuschwächen. Den Menschen in Ihrem Umfeld zu helfen ist gut, dieses aber bis zur völligen Selbstaufgabe und Erschöpfung zu tun nicht.

Um Verhalten und Gedanken zu verändern, müssen wir überzeugt sein und einen Sinn darin erkennen. Also: Starten Sie mit der Überzeugungsarbeit! Die folgende Übung hilft dabei, die stressmachenden Gedanken zu entschärfen.

Extra-Tipp:

Im Tipps geben sind wir oft besser als darin, diese selbst zu befolgen. Also stellen Sie sich als Hilfe für die nächste Aufgabe folgende Frage: Was würden Sie einer guten Freundin raten, die mit diesem Problem zu Ihnen käme?

Übungsbeispiel 1

Negativer Antreiber:

 *„Ich muss immer für alle da sein – allen helfen! Ich muss es immer allen recht machen – bloß nicht „Nein" sagen."*

Konsequenz: „Ich habe Angst, etwas falsch zu machen oder jemanden zu kränken. Also stelle ich die Bedürfnisse der anderen immer über meine eigenen – alle anderen sind wichtiger als ich!"

Was spricht gegen den Antreiber und für eine Veränderung?

⇨ Hilft es wirklich, wenn ich immer gleich zur Stelle bin und dem Betreffenden alles abnehme?

⇨ Zu welchem Preis mache ich das?

⇨ Wie lange kann ich diesen Anspruch noch aufrecht halten?

⇨ Werde ich das eine oder andere Mal vielleicht ausgenutzt?

⇨ Es ist unmöglich, es allen recht zu machen!

⇨ Ich bin wichtig und ich habe es verdient, auch mal an mich zu denken!

⇨ Nur wenn es mir gut geht, kann ich auch für andere sorgen.

⇨ Meine Lebensqualität steigt, ich habe mehr Kraft und Energie, bin ausgeglichener und entspannter. Davon profitiert auch mein Umfeld.

⇨ Nein zu sagen ist gut für mein Selbstwert/Selbstbewusstsein.

⇨ Ich bin ein Vorbild für die Kinder. Ich möchte nicht, dass sie lernen, sich bis zur Erschöpfung aufzureiben.

⇨ Ich kann nicht alle „retten".

Alternativer Antreiber:

„Meine Gefühle und Bedürfnisse sind genauso wichtig wie die anderer Menschen!"

Übungsbeispiel 2

Negativer Antreiber:

„Es muss immer alles perfekt sein – oder besser gesagt genauso wie ich es mir vorstelle."

Konsequenz: „Ich bin nie zufrieden mit mir und meiner Leistung, sehr kritisch mir selbst gegenüber und selbst kleine Fehler empfinde ich als Versagen."

Was spricht gegen den Antreiber und für eine Veränderung?

⇨ Ist mein Anspruch überhaupt zu erreichen?

⇨ Wenn die Perfektion überhaupt zu erreichen wäre, wäre ich wahrscheinlich auch nicht zufrieden und würde noch etwas anderes Negatives finden.

⇨ Alle machen Fehler.

⇨ Fehler und Irrtümer gehören dazu.

⇨ Aus Fehlern lernt man.

⇨ Messe ich mit zweierlei Maß? Bei anderen entschuldige ich Fehler, warum nicht bei mir?

⇨ Lass mal los!

⇨ Ich sollte meine Erfolge anerkennen – ohne Wenn und Aber!

Alternativer Antreiber:

„Ich bin gut in dem was ich tue –
auch wenn ich Fehler mache.“

Übung

Jetzt sind Sie dran! Erkennen und benennen Sie Ihren
Antreiber und die Konsequenzen, die sich daraus ergeben.
Sammeln Sie Argumente, die gegen diesen (in der Regel
völlig unrealistischen) Antreibersatz sprechen. Zum Abschluss
kommt Ihnen dann bestimmt ein Gedanke, mit dem es sich
leichter leben lässt!

Negativer Antreiber:

_____

Konsequenz: _____

_____

Was spricht gegen den Antreiber und für eine Veränderung?

⇨ _____

⇨ _____

⇨ _____

⇨ _____

⇨ _____

⇨ _____

Alternativer Antreiber:

_____

Extra-Tipp:

Um den eigenen Blickwinkel zu verändern, können auch folgende Fragen helfen:

Was werde ich in fünf oder zehn Jahren darüber denken? Was koste mich dieser Gedanke? Wie könnte ich auf eine Weise, die realistischer und positiver ist, darüber denken?

Übung

Werfen Sie Ballast über Bord. Schreiben Sie hier alles auf, was Sie am liebsten entsorgen möchten. Weg damit in den „Mülleimer"!

Ziele setzen und umsetzen

Jetzt haben Sie Einiges über Ihre Stressfaktoren erfahren und vielleicht schon das eine oder andere im Kopf, was Sie gerne mal ausprobieren bzw. verändern möchten. Soweit so gut! Aber wie das jetzt umsetzen? Das ist ja immer so eine Sache mit den guten Vorsätzen, oder?

Voller Elan nehmen Sie sich etwas vor … und mit fast genauso viel Elan haben Sie es dann auch schon wieder vergessen. Wenn Sie bislang viele Ihrer Vorhaben nicht in die Tat umsetzen konnten, liegt das vermutlich daran, dass Sie nicht wussten wie. Und das werden Sie dieses Mal ändern und Ihre Erfolgsaussichten erheblich verbessern. Hier kommen sieben Tipps, die Ihnen dabei helfen, Ihre Ziele zu erreichen.

> **Nur wer sein Ziel kennt, findet den Weg.**
>
> *Laotse*

TIPP 1 ▷ Auf die richtige Formulierung kommt es an!

Die erste Frage lautet immer: Was wollen Sie? Denken Sie genau nach. Und das Wichtigste: Formulieren Sie es positiv! Sagen Sie was Sie wollen, nicht, was Sie nicht wollen. Negativ formulierte Sätze kommen in unserem Gehirn nicht an das gewünschte Ziel. Worte wie „nicht" klammert unser Gehirn aus. Es nimmt zuerst die Kernbotschaft des Satzes wahr. So wird aus „Ich will mich nicht mehr ärgern" wird „Ich will mich ärgern".

Das glauben Sie nicht? Ok, probieren Sie es mal aus: Denken Sie jetzt nicht an einen rosa Elefanten … Denken Sie nicht an einen rosa Elefanten … Na, noch Fragen?

Des Weiteren seien Sie bei Ihrer Formulierung so konkret wie möglich. „Ich will weniger Stress" wäre zu ungenau. Dieser Wunsch wird ein

Wunsch bleiben, weil Sie weder ein klares Bild noch konkrete Schritte vor Augen haben. Besser ist es ist, dem Wunsch nach weniger Stress in eine genaue Vorstellung und Handlung zu verwandeln. „Ich möchte in meiner Pause ab morgen die Atemübung zur Entspannung machen und so ausgeruhter und gelassener in die Gruppe zurückkommen." 😊

Legen Sie los und füllen Sie aus:

Übung

Was möchte ich erreichen? Was will ich tun? Was will ICH?

_____

_____

_____

_____

TIPP 2 ▷ Überprüfen Sie Ihr Ziel genau

Warum wollen Sie dieses Ziel erreichen? Wenn Sie diese Frage nicht beantworten können, wird Ihnen die Motivation fehlen und Sie sollten darüber nachdenken, ob das wirklich ein lohnendes Ziel für Sie ist. Der Wunsch hinter Ihrem Ziel wird Sie antreiben und ist somit Ihr „Zugpferd".

Extra-Tipp:

Wenn Sie überzeugt sind, dass der Nutzen größer ist als der Aufwand, dann sind Sie ganz weit Vorne. Wenn Sie etwas tun, um die Erwartung andere zu erfüllen, wirkt das wie ein Bremsklotz. Es sollte Ihr Ziel sein – Sie sollten (müssen) es wollen!

Überprüfen Sie Ihr Ziel auch in Hinblick auf Nebenwirkungen. Gibt es negative Aspekte oder Widerstände? Welche Konsequenzen hat die Umsetzung? Könnte jemand etwas dagegen haben? Mit welchen Reaktionen müssten Sie rechnen? Es geht nicht darum Sie abzuschrecken, aber die Erfolgsaussichten steigen, wenn Sie mit möglichen Hindernissen rechnen und sich darauf einstellen.

Und jetzt noch der letzte Check: Ist das Ziel realistisch? Liegt es in Ihrer Macht, es zu erreichen? Es ist z.B. unrealistisch, sich das Ziel zu setzen, dass Sie sich ab jetzt nur noch intensiv mit Kindern beschäftigen, die Sie nicht „stressen". Da spielen Arbeitsanweisungen, Gruppensituationen und die personelle Besetzung nicht mit. Es liegt somit nicht in Ihrem Einflussgebiet.

Legen Sie los und füllen Sie aus:

Übung

Warum ist mir mein Ziel so wichtig?

_____

_____

_____

Ist das Ziel realistisch? Kann ich es aus eigener Kraft oder mit meinen Möglichkeiten erreichen?

☐ ja   ☐ nein

Gibt es „Nebenwirkungen"? Wer könnte mir Steine in den Weg legen? Welche Hindernisse könnte es geben? Wie kann ich damit umgehen?

_____

_____

_____

TIPP 3 ▷ Planen Sie Ihr Ziel

Wann? Wo? Mit wem? Wie oft? Wie lang? Die Antworten auf diese
Fragen vervollständigen das (Ziel-)Bild, wirken wie ein Countdown
und lassen Fehler in der Zielformulierung/Planung deutlich werden. Sie
müssen besonders darauf achten, wenn Sie für Ihr Ziel noch Vorberei-
tungen treffen müssen. Beispiel: Sie wollen morgen nach der Arbeit zum
Ausgleich eine Runde um die See walken. Um sich die neuen Laufschuhe
zu kaufen, haben Sie aber erst nächste Woche Zeit. Schwupps, da ist der
Planungsfehler! Des Weiteren sollten Sie sich wenn nötig Hilfe organi-
sieren oder sich „Mitstreiter" für Ihr Vorhaben suchen.

Übung

*Was möchte ich im Einzelnen tun? (Wann, wo, mit wem, wie
oft, wie lang?) Wer kann mich dabei unterstützen?*

_____

_____

_____

TIPP 4 ▷ Stellen Sie sich vor, wie es sein wird

Bei diesem Schritt geht es darum, sich im Geiste vorzustellen, was Sie in
einer bestimmten Situation denken, fühlen oder wie Sie handeln werden.
Probieren Sie es gleich einmal aus:

Übung

*Nehmen Sie sich etwas Zeit und schließen Sie die Augen.
Stellen Sie sich vor, wie Sie das tun, was Sie sich vorgenom-
men haben. Lassen Sie diese Situation wie ein Film vor Ihrem
inneren Auge abspielen. Dann gehen Sie einen Schritt weiter
und stellen sich vor, wie es sein wird, wenn Sie Ihr Ziel erreicht
haben. Wie fühlt sich das an? Wie geht es Ihnen damit? Woran
werden andere merken, dass Sie Ihr Ziel erreicht haben?*

Diese Übung hat eine enorm motivierende Kraft! Das Faszinierende daran ist, dass das Gehirn nicht merkt, ob Sie sich etwas nur vorstellen oder ob Sie etwas tatsächlich erleben. Es werden die gleichen Hirnbereiche angesprochen und aktiviert, wie wenn wir es tatsächlich durchführen. Dadurch fallen die Schritte hin zu Ihrem Ziel leichter, weil Sie diese ja schon mal (wenn auch nur gedanklich) gemacht haben.

> *Nicht der Wille ist der Antrieb unseres Handelns, sondern unsere Vorstellungskraft.*
>
> *Émile Coué*

Übung

Schließen Sie die Augen und stellen Sie sich vor, Sie hätten Ihr Ziel erreicht. Wie fühlt es sich an? Was denken Sie? Was tun Sie?

_____

_____

_____

TIPP 5 › Setzen Sie Ihren Plan um

Die Vorplanung ist abgeschlossen. Jetzt geht's darum, es zu tun. Denken Sie daran: Einen Schritt nach dem anderen!

Extra-Tipp:

Wenn Sie Bedenken haben, in der Routine des Tages ihr Vorhaben zu vergessen, dann sorgen Sie vor. Tragen Sie dieses in Ihren Terminkalender ein, Schreiben Sie sich Post-Its, bitten Sie Kollegen darum, Sie zu erinnern.

TIPP 6 > **Motivieren und belohnen Sie sich**

Vergessen Sie die Angst, es wieder nicht zu schaffen. Dieses Mal haben Sie so viel dafür getan und Sie wollen es unbedingt. Sie ziehen das jetzt durch. Überlegen Sie zusätzlich, was Sie motivieren könnte. Das gleiche gilt für die Belohnung. Beachten Sie auch kleine Erfolge. Das stärkt das Gefühl, selbst etwas bewirken zu können. Ihre persönliche „Wall of Fame" lässt den inneren Schweinhund immer kleiner werden.

Übung

Was motiviert mich? Beispiel: „Ich weiß, dass ich das schaffe kann, auch wenn es mal schwierig wird."

_____

_____

_____

Womit kann ich mich belohnen?

_____

_____

TIPP 7 > **Reflektieren Sie und ziehen Sie Bilanz**

Denken Sie im Rückblick noch einmal darüber nach: War das Ziel positiv, konkret und realistisch formuliert? War das Ziel wirklich reizvoll? Gab es Planungsfehler? Oder ein unerwartetes „Hindernis"? Wenn Sie Ihr Ziel bislang noch nicht erreich haben, dann starten Sie wieder mit Punkt 1 der Schritt-für-Schritt-Anleitung hin zu Ihrem Ziel.

Übung

Habe ich mein Ziel erreicht?

☐ *Nein*

⇨ Reflektion: War das Ziel positiv, konkret und realistisch formuliert? War es wirklich reizvoll? Gab es Planungsfehler? Oder ein unerwartetes „Hindernis"? Welche? Starten Sie nach Ihrer Reflexion wieder mit Punkt 1.

_____

_____

_____

☐ Ja

⇨ **Herzlichen Glückwunsch!** Sie dürfen stolz auf sich sein! Vergessen Sie nicht sich zu belohnen!

Übung

Meine „Wall of fame": Das ist mir alles schon gelungen!

Schlussgedanken

Haben Sie schon ein paar Gedanken, in welche Richtung die Reise gehen soll? Erkennen – entscheiden – und in die Tat umsetzen! Je direkter Sie Ihren Weg gehen, umso einfacher und schneller erreichen Sie das gewünschte Ziel.

> ## Tun Sie es!

Mit dem ersten Schritt legen Sie den Grundstein dafür, eine entspannte und gelassene Haltung zu entwickeln. Es lohnt sich also, daran zu arbeiten und dranzubleiben.

> *Es kommt nicht aufs Denken, es kommt aufs Machen an.*
>
> Johann Wolfgang von Goethe

Sorgen Sie gut für sich! Sie haben es sich verdient!

Über die Autorin

Bettina Langner, ursprünglich Erzieherin mit 17 Jahren Berufserfahrung, hat 2009 das Stress Studio in Witten gegründet und arbeitet heute als psychologische Beraterin für Stress, Mobbing, Burnout und Entspannung. In unterschiedlichsten Einrichtungen und Organisationen (hauptsächlich pflegende, helfende und lehrende Berufsgruppen) hält sie Vorträge, leitet Seminare und coacht Einzelpersonen.